LIDERANÇA

Melhorar as habilidades de persuasão para o crescimento pessoal e alcançar o sucesso e motivar as pessoas (Guia de gestão para ser excepcional em influencia, comunicação e tomada de decisão

Joseph Frazier

Traduzido por Jason Thawne

Joseph Frazier

Liderança: Melhorar as habilidades de persuasão para o crescimento pessoal e alcançar o sucesso e motivar as pessoas (Guia de gestão para ser excepcional em influencia, comunicação e tomada de decisão)

ISBN 978-1-989891-64-3

Termos e Condições

De modo nenhum é permitido reproduzir, duplicar ou até mesmo transmitir qualquer parte deste documento em meios eletrônicos ou impressos. A gravação desta publicação é estritamente proibida e qualquer armazenamento deste documento não é permitido, a menos que haja permissão por escrito do editor. Todos os direitos são reservados.

As informações fornecidas neste documento são declaradas verdadeiras e consistentes, na medida em que qualquer responsabilidade, em termos de desatenção ou de outra forma, por qualquer uso ou abuso de quaisquer políticas, processos ou instruções contidas, é de responsabilidade exclusiva e pessoal do leitor destinatário. Sob nenhuma circunstância qualquer, responsabilidade legal ou culpa será imposta ao editor por qualquer reparação, dano ou perda monetária devida às informações aqui contidas, direta ou indiretamente. Os respectivos autores são proprietários de todos os direitos autorais não detidos pelo editor.

Aviso Legal:

Este livro é protegido por direitos autorais. Ele é designado exclusivamente para uso pessoal. Você não pode alterar, distribuir, vender, usar, citar ou parafrasear qualquer parte ou o conteúdo deste ebook sem o consentimento do autor ou proprietário dos direitos autorais. Ações legais poderão ser tomadas caso isso seja violado.

Termos de Responsabilidade:

Observe também que as informações contidas neste documento são apenas para fins educacionais e de entretenimento. Todo esforço foi feito para fornecer informações completas precisas, atualizadas e confiáveis. Nenhuma garantia de qualquer tipo é expressa ou mesmo implícita. Os leitores reconhecem que o autor não está envolvido na prestação de aconselhamento jurídico, financeiro, médico ou profissional.

Ao ler este documento, o leitor concorda que sob nenhuma circunstância somos responsáveis por quaisquer perdas, diretas ou indiretas, que venham a ocorrer como resultado do uso de informações contidas neste documento, incluindo, mas não limitado a, erros, omissões, ou imprecisões.

ÍNDICE

PARTE 1 1

INTRODUÇÃO 2

VISÃO GERAL DA EVOLUÇÃO DE GERAÇÕES 4

ENTENDENDO A GERAÇÃO Y E SUAS PRINCIPAIS CARACTERÍSTICAS 10

ESTRATÉGIAS DE LIDERANÇA PARA LIDAR OS MILLENNIALS: MUDAR A ABORDAGEM PADRONIZADA .. 20

CONECTE-SE COM SUA FORÇA DE TRABALHO MILLENNIAL 26

VALORIZE SUA FORÇA DE TRABALHO MILLENNIAL E DÊ A ELES A CHANCE DE CRESCER 33

APROVEITE SUA AFINIDADE COM TECNOLOGIA E REDE DE CONTATOS 40

CONCLUSÃO 42

PARTE 2 43

INTRODUÇÃO 44

"ENTENDENDO O TEMPO!" 44

HABILIDADE 1 – CONHEÇA OS SEUS OBJETIVOS 46

HABILIDADE 2 – ESTABELEÇA PRAZOS 47

HABILIDADE 3 – ENCARE O SEU TEMPO COMO DINHEIRO 49

HABILIDADE 4 – DIVIDA O DIA EM COMPROMISSOS 50

HABILIDADE 5 – ORGANIZE O SEU ESPAÇO DE TRABALHO 52

HABILIDADE 6 – ESTABELEÇA PRIORIDADES 53

HABILIDADE 7 – APLIQUE A REGRA 80/20 54

HABILIDADE 8 –PLANEJE INTERVALOS............................ 56

HABILIDADE 9 –MELHORE O SEU FOCO 58

HABILIDADE 10 –BLOQUEIE INTERRUPÇÕES................... 59

HABILIDADE 11 - UTILIZE FERRAMENTAS DE GERENCIAMENTO DO TEMPO 61

HABILIDADE 12 –SUPERE A PROCRASTINAÇÃO 63

HABILIDADE 13 –MOTIVE-SE A SI MESMO...................... 64

HABILIDADE 14 –DIVIDA PROJETOS MAIORES EM TAREFAS MENORES.. 66

HABILIDADE 15 –MELHORE SUAS HABILIDADES DE TOMADA DE DECISÕES.. 67

HABILIDADE 16 – CONTROLE PENSAMENTOS DE DISTRAÇÃO 69

HABILIDADE 17 –AUTOAVALIAÇÃO UMA VEZ POR SEMANA.. 70

HABILIDADE 18 –RESERVE UM PERÍODO PARA FICAR OFFLINE... 71

HABILIDADE 19 – DELEGUE RESPONSABILIDADES 72

HABILIDADE 20 –COMECE PELA TAREFA MAIS DIFÍCIL..... 74

HABILIDADE 21 –APLIQUE A ABORDAGEM MINIMALISTA 75

HABILIDADE 22 –AUTOMATIZE SUAS TAREFAS DIÁRIAS.. 76

HABILIDADE 23 –TREINE PARA SER UM MADRUGADOR.. 78

HABILIDADE 24 –SEMPRE PLANEJE O SEU PRÓXIMO DIA 79

HABILIDADE 25 –INVISTA NA SUA SAÚDE....................... 81

CONCLUSÃO 83

Parte 1

Introdução

Eu quero te agradecer e parabenizá-lo por baixar o livro.

Este livro contém passos e estratégias de como liderar e lidar a Nova Geração Millennial de empregados.

Os Millennials, coloquialmente conhecidos como Geração Y se refere a geração nascida entre 1980 e 2000, ou de acordo com algumas fontes, nascidos entre 1976 e 2001. Esta geração compreende por volta de 80 milhões de pessoas que estão planejando se juntar o já se juntaram a força de trabalho americana. Em 2014, por volta de 36 por cento da força de trabalho nos Estados Unidos consistia de indivíduos na categoria da Geração Y. Além disso, estatísticas indicam que por volta de 2020, 46 por cento da força de trabalho dos Estados Unidos compreenderá está geração.

O volume maciço da Geração Y na força de trabalho significa que haverá um volume comparativamente menor da Geração X e "Baby Boomer" na força de trabalho dos Estados Unidos. Pelo fato de da Geração X edos"BabyBoomers" terem vindo antes dos Millennials, eles provavelmente estarão nas posições administrativas e executivas das firmas e organizações que empregam Millennials.

Além do mais, pelos Millennials serem diferentes dos "Baby Boomers" e da Geração X, aí existe uma ampla diferença de opiniões entre estas gerações, por essa razão os executivos e administradores "Baby Boomers" e da Geração X enfrentam desafios em lidar com os Millennials.

Este livro é um guia de gestão para gestores "baby boomers" e da geração X que administram os Millennials. O guia fornece uma visão detalhada de como liderar Millennials para que as gerações mais velhas possam administra-los com sucesso e usar seu potencial e talento para beneficiar as organizações.

Obrigado mais um vez por baixar este livro, espero que você goste!

Visão Geral da Evolução de Gerações

Antes de discutirmos como liderar a força de trabalho composta em grande parte por Millennials, é importante esclarecer como as gerações evoluíram da Geração GI direto para Geração Z. Fazendo isto, você terá uma melhor visão de como a Geração Y evoluiu:

A Geração GI

A Geração GI refere-se ao grupo de pessoas nascidas entre 1901 e 1924; compreende indivíduos que agora estão acima de 85 anos. Durante a grande depressão, indivíduos da Geração GI eram adolescentes e lutaram na Segunda Guerra Mundial.

Também conhecida com a "geração do balanço" ou a "geração grandiosa" devido ao seu amor pelo estilo jazz, esta geração desenvolveu grandes valores de obrigação, honra, fé, e responsabilidade pessoal. Os esforços desta geração fez dos Estados Unidos um lugar mais seguro e melhor para se viver; esta geração também ajudou a construir a economia do país.

A Geração Silenciosa

A Geração Silenciosa compreende indivíduos nascidos entre 1925 e 1942. Aqueles que fazem parte da Geração Silenciosa eram crianças e bebês durante a Segunda Guerra Mundial; assim, eles não se lembram da Segunda Guerra Mundial.

Existem muitas teorias que explicam porque esta geração foi rotulada como a "Geração Silenciosa". Crianças nascida nesta geração ficavam quietas (a maior parte do tempo), focadas no trabalho duro, e seguindo as regras com eram ditadas. Naquele tempo, a doutrina popular era que as crianças não deveriam se ouvidas, elas deveriam apenas ser vistas; assim, a "geração silenciosa" permaneceu silenciosa.

Além do mais, o Parlamento lançou um ataque à liberdade política no país. Isto, com esforços extremos do Senador Joseph McCarthy para alimentar os sentimentos anticomunistas no país tornou altamente perigoso para os cidadãosdo país expressar suas crenças e opiniões. Eles se tornaram altamente cautelosos com quem passavam o tempo e aonde eles iam, assim, o rótulo "Geração Silenciosa".

Um artigo publicado na revista "Time" descreveu esta geração como cautelosa, não aventureira, retraída, e sem imaginação.

Baby Boomers

Nascidos entre 1943 e 1964, os "baby boomers" são da geração nascida durante a explosão econômica que foi seguida pela Segunda Guerra Mundial. Estas crianças envolveram-se em protestos contra a Guerra do Vietnam e participaram de diferentes movimentos pelos direitos civis.

Os "BabyBoomers" tem qualidades amáveis e provaram ser um excelente recurso para o país. Eles são centrado no trabalho, direcionados por um objetivo, independentes, competitivos, trabalham duro, e tem grande realização pessoal. Muitos empresas de sucesso que você vê no país hoje são criações de "Baby Boomers".

Geração X

A Geração X seguiu os BabyBoomers; esta geração consiste daqueles nascidos entre 1965 e 1979. Originalmente conhecidos os "baby busters" porque a taxa de fertilidade de repente caiu depois dos "babyBoomers", a Geração X sofreu a epidêmia de AIDS na adolescência e viu a queda do muro de Berlin. As crianças da Geração X começaram a conviver com a tecnologia e também são conhecidos com "quebradores de regras".

A Geração Y

Nascidos entre 1980 e 2000, a Geração Y, também conhecida como EchoBoomers, Próxima Geração, Adolescente das Telas, Millennials, Geração dos MySpace, Facebooqueiros, a Geração "Baby-on-Board, compreende indivíduos altamente dependente da tecnologia.

A Geração Y é altamente talentosa, confiante, ambiciosa, de bons comunicadores, e excelentes membros de equipe.

A Geração Z

A Geração Z, também conhecida com Geração "Eu" consiste de indivíduos nascidos entre 2001 e 2013 e compreende crianças e adolescentes fortemente confiantes na tecnologia e a internet. Esta geração consiste de pessoas hiperativas, cínicas e reservadas que tem boas habilidades empreendedoras e são excelentes em multitarefas.

Embora a Geração Z seja a a última de todas as gerações, este livro foca nos Millennials porque eles constituem a maior porção da força de trabalho e está trabalhando sob a liderança de Baby Boomers.

Agora que você sabe como as diferentes gerações evoluíram, vamos passar a discutir as técnicas de liderança que os baby boomersprecisam aplicar para administrar e otimizar a Geração Y.

Antes de fazermos isso, vamos discutir como os Millennials são diferentes dos Baby Boomers e da Geração X e como as gerações ancestrais dos Millennials podem liderá-los e administrá-los melhor.

Entendendo a Geração Y e Suas Principais Características

A principal razão pela qual a Geração X e Baby Boomers tem problemas em administrar seus empregados, que em sua grande maioria são da Geração Y é porque os primeiros não conseguem entender os últimos. Os BabyBoomer não conhecem as características e traços da Geração Y, por isso acham desafiador liderá-los.

Neste capítulo, nós iremos falar sobre Geração Y e entendê-la melhor. O propósito disto é equipá-los com o conhecimento que você precisa para entender a geração Y e se conectar com ela. Além disso, nós iremos discutir de maneira particular como os Millennials se diferem da Geração Xe dos Baby Boomers para que você possa entender porque a grande diferença de opiniões existe.

Olhando Mais Fundo: Entendendo os Millennials

AGeração Y é o maior grupo de força de trabalho a emergir desde a enorme geração baby boomer. Assim, é essencial para qualquer gestor, como já falamos, a maior parte dos indivíduos no papel gerencial hoje em dia estão na categoria de baby boomers,entender os Millennials.
Os Millennials são altamente habilidosos particularmente no campo da tecnologia; eles também são bem educados. Pela maioria dos Millennials terem recebido educação de alta qualidade, eles são competitivos e conhecedores do que eles fazem.

Eles são incrivelmente energéticos e trabalham com muito zelo e gosto. Por confiarem muito na tecnologia, eles acham fácil fazer multitarefas, poiseles tem dispositivos e instrumentos aos quais recorrer quando estão completando suas tarefas

A Geração Y também estabelece objetivos altos, por isso esta geração é altamente ambiciosa. Eles não se contentam com o "bom o bastante"; e lutam pela excelência. Seu desejo é aperfeiçoar tudo o que fazem; por isso eles incorporam dispositivos tecnológicos e tecnologia avançada em seu trabalho para que possam alcançar resultados incríveis e rendimento máximo por seus esforços.

A Geração Y ama buscar desafios e adora trabalhar em um ambiente competitivo. Eles não gostam de planos avançados (especialmente se eles não são os responsáveis por fazer os planos): eles querem trabalhar duro por tudo. Embora eles busquem desafios em seu ambiente de trabalho, eles anseiam por equilíbrio em sua vida pessoal e profissional e trabalham duro para adquirir este equilíbrio.

Além disso, os Millennials querem socialização. Eles não gostam de isolamento e adoram interagir com os outros. É por isso que eles organizam tantas festas para poderem ter mais oportunidade de se misturar. Isso explica porque eles preferem trabalhar em equipes.

Pelo fato dos Millennials serem cheios de energia, eles são um pouco impacientes, por isso eles querem recompensa imediata. Eles não gostam de esperar as coisas acontecerem e não podem esperar pacientemente por um período de semanas e meses, muito menos de anos até que um esforço mostrar seus resultados. Eles almejam por resultados imediatos, por isso eles se distraem facilmente enquanto buscam alcançar algo. Por esta razão, às vezes, esta geração acha difícil realizar seus objetivos de longo prazo.

Os Millennials também querem resultados instantâneos porque eles amam avanços velozes em qualquer aventura ou empreendimento no qual eles se envolvem. Gerações antes deles vêem essa ânsia por avanços muito rápidos como sua principal fraqueza.

Os Millennials também são super-criativos e buscam inovação em qualquer coisa que fazem. Como qualquer rotina tende a aborrecê-los e deixá-los impacientes, eles procuram abordagens diferentes para fazer as coisas, o que os ajuda a encontrarem ideias e conceitos criativos.

Agora que já explicamos os traços básicos e as características chave dos Millennials, vamos discutir porque existem as diferenças de opinião entre eles especialmente os BabyBoomers.

Diferenças de Opinião entre as Gerações Y e os BabyBoomers

A diferença de opinião existente entre as Gerações Y e suas gerações ancestrais, em particular os Baby Boomers, existe por um número razões.

Necessidade de Socializar

Os Millennials amam socializar e gostam de trabalhar em grupos e equipes ao passo que os BabyBoomers e a Geração X sentem-se mais confortáveis quando trabalham individualmente. O primeiro grupo sente que rende mais quando trabalha sozinho ao passo que o primeiro acredita que trabalhando em equipe, leva a uma melhor criação e uma excelente troca de ideias de onde surgem abordagens mais novas, mais frescas, e melhores para concluir o trabalho.

Dependência da Comunicação Digital e Tecnologia

Neste livro, **Conheça os Millennials**, Leigh Buchanon escreve que a Geração Y é especialista na comunicação digital e confia muito na tecnologia avançada para realizar o seu trabalho. Este geração cresceu em uma época onde o uso da internet estava surgindo e a informação estava instantaneamente disponível. Eles não tinham que passar horas trancados em bibliotecas buscando minuciosamente em jornais velhos, diários publicados, e livros para encontrar informações porque o Google, Wikipedia, e outros portais de busca estavam ao seu dispor.

Por outro lado, Baby Boomers viviam em um tempo em que tais avanços e conveniências não estavam disponíveis. Eles tinham que trabalhar duro para encontrar as coisas einformações, por isso eles estão acostumados a buscas intensivas.

Pelo fato das informações estarem prontamente acessíveis aos Millennials, eles acham empolgante e fácil trabalhar em problemas singulares e desafiadores. Além disso, suas habilidades criativas lhes permitem procurar soluções mais fáceis para cada situação, por isso eles frequentemente procuram por atalhos para o sucesso.

No caminho inverso, os BabyBoomers enfrentaram um período muito difícil e tiveram que trabalhar extensivamente para alcançar seus objetivos; esta é, talvez, uma da razões pelas quais eles achem que a abordagem empregada pelos Millennials seja infantil e acreditam que investir 100 por cento em uma tarefa é o único modo de fazê-la corretamente.

A Geração Y obviamente discordadessa noção; ele tem a opinião de que embora você precise investir trabalho duro e tempo para alcançar o sucesso, algumas tarefas podem ser executadas brilhantemente com menos esforço se abordadas de maneira inteligente.

Amam Estar no Comando

Os Millennials amam estar no comando das coisas e querem que as gerações mais velhas entendam sua necessidade de autoridade. Além disso, se eles derem uma ideia, eles querem trabalhar nela; eles aspiram fazer as coisas dos seu modo em vez de constantemente pedir permissão, autorização, e consentimento aos seus superiores baby boomers.

Na edição de Fevereiro de 2009 da Havard Business Review, escreveu um artigo ela fala que como uma Millennial, ela espera ter a chance de perseguir suas ideias e realizá-las, e ela espera que seus superiores, muitos dos quais são Baby Boomers, entendam que os modelos de tabalho mudaram; assim, eles deveriam ao poucos se ajustarem ao novo estilo de trabalho: o estilo millennial de trabalhar.

Como a geração baby boomer cresceu e maneira diferente e passou por situações diferentes, eles acham difícil aceitar e se ajustar ao jeito millennial de trabalhar.

Anseiam Feedback

Os funcionários millennials estão ansiosos para obter feedback sobre seu desempenho. Quando começam a concluir uma tarefa, esperam que seus superiores a avaliem em detalhes e, então, que saibam se fizeram um bom trabalho. Se eles não desempenharam de acordo com os padrões, eles querem que você lhes diga como melhorar, em vez de apenas criticar seu desempenho.

Além disso, a Geração Y quer um feedback rápido sobre seu trabalho e quer que seus superiores Baby Boomer ou da Geração X sejam acolhedores. No entanto, os baby boomers não estão acostumados a oferecer avaliações de desempenho freqüentes e não costumam valorizar seus funcionários. Isto explica porque os trabalhadores millennial frequentemente sentem-se insatisfeitos quando trabalham para patrões Baby Boomer.

Todas essas razões destacam claramente por que existe uma grande lacuna de geração entre os Millennials e os BabyBoomers, e por que o último falha em liderar com sucesso o primeiro.

Agora, com isso fora do caminho, vamos discutir o que os patrões e gerentes Baby Boomers e da Geração X precisam fazer para reavivar seu relacionamento com os Millennial e liderá-los da melhor maneira possível.

Estratégias de Liderança para Lidar os Millennials: Mudar a Abordagem Padronizada

Mudar seu estilo de liderança e gerenciamento para se ajustar aos Millennials e fazê-los entender o que você deseja e espera deles é um processo que não acontece do dia pra noite. Requer que você siga alguns passos que te permitem liderar os Millennials com sucesso e aperfeiçoar suas habilidades.

O primeiro passo neste processo é mudar sua estratégia "padronizada".

Um estudo descobriu que Millennial não gostam quando baby boomers empregam a conhecida abordagem padronizada. Patrões Baby Boomers e da Geração X acreditam que uma abordagem ou sistema funciona bem para todo mundo e se um fator motiva um grupo de trabalhadores, ele estimulará o restante dos funcionários.

Os Millennials não são favoráveis a essa abordagem e acham que o modelo de trabalho precisa de revisões e mudanças para se adequar às necessidades de cada funcionário. A principal razão pela qual os Millennials e Baby Boomer não funcionam quando trabalham juntos sem dificuldade e eficaz é porqueos BabyBoomers esperam que os Millennials ajam conforme seus costumes antigos e tradições.

Para tornar o trabalho com seus funcionários millennials mais fácil e produtivo, é importante evitar a estratégia padrão e adotar o seguinte método para manter a força de trabalho da Geração Y engajada e feliz em seu trabalho.

Avalie o desempenho de seus funcionários regularmente

Para descobrir a melhor forma de lidar com seus funcionários millennials, primeiro, você deve avaliar seu desempenho regularmente; isto te ajudará a descobrir a maneira como cada funcionário trabalha.

Dê Feedback frequentemente

Depois de avaliar o trabalho realizado pelos funcionários da geração millennial, dê um feedback imediato.

Lembre-se, os Millennials não gostam de esperar por anos: querem melhorar seu trabalho agora. Para fazer o melhor uso de sua energia, imediatamente (ou o quanto antes) lhes dê o que eles procuram.

Ao dar o feedback, adicione listas de verificação para que eles saibam quais tarefas precisam fazer e quando. Além disso, ofereça muita ajuda e orientação substancial e significativa em áreas onde eles cometeram erros e se eles apresentarem algo inovador e eficiente, recompense-os ou pelo menos elogie-os por seu esforço. Os Millennials anseiam por apreciação; Dê isso a eles.

Em segundo lugar, ao lidar com os Millennials, pare de ser tão severo e cínico. Se eles falharem em fazer algo como você deseja, a razão pode ser a criatividade deles em criar novas ideias. Sente-se e fale com eles para descobrir como eles percebem as coisas. É provável que a ideia deles seja boa e precise do seu aconselhamento especializado para melhorá-la.

Além disso, quando você der feedback aos Millennials, discuta-o com eles para não deixar espaço para qualquer tipo de equívoco e mal-entendido. Como você e os Millennials têm padrões de pensamento diferentes, você também percebe as informações de maneira diferente. Ao discutir a avaliação, você explica seu ponto de vista e garante que eles façam as coisas como esperado.

Aceite suas ideias

Você também deve começar a se tornar mais aberto a idéias novas e únicas. Se você acha que abrir uma loja eletrônica não é importante para o crescimento do seu negócio, mas seu gerente de marketing millennial diz o contrário, se tiver capital para apoiar a ideia, experimente e avalie o crescimento dos negócios após a implementação da ideia. É provável que a ideia dele beneficie o seu negócio.

Realizar seminários e workshops

Organize seminários e workshops onde você tenha executivos, analistas e empresários experientes para conversarem com os funcionários millennials e baby Boomers. Isso expõe as gerações a novas ideias e estilos de trabalho.

Dê Responsabilidade à Gerência Intermediária

Em vez de dar toda a responsabilidade à alta administração, crie uma gerência intermediária que analise o trabalho e o desempenho dos funcionários e informe os principais gerentes. Eles devem avaliar individualmente cada trabalhador e não comparar um com o outro. Além disso, os funcionários devem ter certa discrição para tomar certas decisões, de modo que possam se sentir fortalecidos e como uma parte importante da organização. Isso garante que nenhum funcionário tenha que trabalhar de uma única maneira, o que, por sua vez, garante que todos os funcionários adotem métodos diferentes para obter o resultado desejado.

Ao usar essas estratégias, ficará mais fácil gerenciar sua força de trabalho milenar.

Depois de fazer isso, você pode passar para a próxima estratégia.

Conecte-se com Sua Força de Trabalho Millennial

Depois de ter mudado o modelo de trabalho, avance para a próxima etapa, que é a conexão com a força de trabalho da Geração Y. Isso é incrivelmente importante porque a falta de conexão é o que causa a lacuna de gerações.

Depois de se conectar à sua força de trabalho Geração Y, você entenderá melhor um ao outro, o que melhorará o envolvimento entre você e seus funcionários millennials. Quando você e seus funcionários se conhecem bem, você entende as necessidades uns dos outros e se agem em conformidade com isso. Isto garante crescimento progressivo e sucesso dentro da empresa.

Para ajudar sua organização a crescer a cada dia, você deve trabalhar para fortalecer seu relacionamento com os Millennials que trabalham em sua empresa.

Abaixo estão algumas estratégias e dicas para ajudar você a atingir esse objetivo.

Aumente o Tempo de Interação

Uma boa maneira de se conectar com seus funcionários e compreendê-los melhor é proporcionar a eles maior tempo de contato no local de trabalho. Isso significa que você precisa conhecer e interagir com eles regularmente. Reuniões regulares dão a você uma oportunidade de mais interação com eles e feedback constantes, o que aumenta o envolvimento.

Quando tiver uma reunião, esqueça sua atitude rígida e teimosa e interaja de maneira cordial com seus funcionários millennials. Os Millennials anseiam por uma interação amigável e contínua com seus superiores e não apreciam os superiores teimosos e rudes que agem como se soubessem tudo. Seja flexível e conecte-se com sua força de trabalho millennial de uma maneira amigável e com uma atmosfera amigável. Se você fizer um movimento, eles darão dois passos em sua direção e aumentarão o esforço deles em uma tentativa de impressioná-lo.

Peça Feedback

Além de fornecer feedback, peça aos Millennials para lhe dar feedback sobre seus esforços e habilidades gerenciais. Os Millennials gostam de receber e dar feedback. Quando você dá feedback, sua força de trabalho millennial vai usá-lo para melhorar e pedindo feedback sobre sua atitude, comportamento e estilo de liderança, você os informa de que deseja melhorar suas habilidades gerenciais e deseja que se sintam à vontade na organização Quando você chamar sua força e trabalho millennial para uma reunião, pergunte a eles como você pode se tornar um bom gerente, siga seus conselhos com sinceridade e implemente-os.

Envolva-se com os funcionários fora do local de trabalho

De acordo com AlimErginoglu, consultor de envolvimento de funcionários da Towers Watson, para se conectar com os funcionários, é importante envolver-se seus funcionários fora do local de trabalho. Os patrões bem-sucedidos se conectam e se relacionam com seus funcionários millennials dentro e fora do ambiente de trabalho.

Dê aos seus trabalhadores millennials tarefas e projetos ao ar livre que requeiram que eles saiam do local de trabalho e relaxem um pouco, porque às vezes, muita pressão tende a aumentar dentro do local de trabalho, dificultando a união entre você e seus Millennials.

Os compromissos externos dão a você e aos seus funcionários millennials uma oportunidade de se conectarem em um ambiente diferente. Em segundo lugar, dá aos Millennials a chance de se socializarem em novos ambientes, algo de que desfrutam imensamente.

Conquistar a Confiança Uns dos Outros

Uma ótima maneira de se conectar com funcionários millennials é ganhar a confiança uns dos outros e mantê-la. Para construir confiança, seja genuíno, transparente e autêntico. Seja seu verdadeiro eu ao lidar com seus trabalhadores millennials, mesmo que isso seja contrário ao que você deseja expor.

Por exemplo, se você é descontraído e relaxado, mas tenta se representar como um chefe extremamente teimoso que não se importa muito com os funcionários e exige a adesão estrita às regras, pare de ser artificial e seja seu eu real.

Por ser seu verdadeiro eu, você mostra a seus funcionários millennials o seu eu real e lhes dá uma oportunidade de melhor compreendê-lo. Isso os ajuda a serem também únicos, o que ajuda você a desenvolver um vínculo baseado na confiança e no entendimento.

Aceite seu talento e inteligência

Para se relacionar bem com os Millennials em sua empresa, além de fazer todos os itens acima, você precisa fazer mais uma coisa: aceitar que os Millennials são talentosos e inteligentes e que eles saibam que você valoriza seus conhecimentos e os considera ativos valiosos.

Sempre que convocar uma reunião com seus trabalhadores millennials, certifique-se de destacar as habilidades e os talentos de seus Millennials que trabalham duro e que eles saibam que você os valoriza. Se alguns Millennials estão lutando para provar a si mesmos, encoraje-os, aprecie-os por suas tentativas e deixe-os saber que você apoia sua busca por melhorias.

De acordo com Nicole Cunningham, uma Millennial e gerente sênior que aborda as experiências de funcionários na Knot Standard, embora os Millennials adorem trabalhar coletivamente em equipes, eles também são motivados individualmente. Preste atenção individualmente a cada um dos funcionários da Geração Y e incentive-os a continuar com seu bom trabalho.

Treine seus Millennials

Mais uma coisa que você precisa fazer para se conectar com seus Millennials é adotar um estilo de liderança mais centrado no treinamento. A geração millennial não gosta de a ditadura e de se sentir fora de controle. Se você continuar a gerenciá-los de maneira autoritária, os Millennials irão evitá-lo. Portanto, para desenvolver um grande vínculo com seus Millennials, atue como seu coach.

Abandone seu estilo tradicional de liderança e pare de se ver como seu chefe. Como coach, você terá que agir como seu guia e não como governante e, para isso, você deve ser humilde e gentil.

Trabalhe nessas estratégias; quando você fizer isso, você e seus Millennials desenvolverão um vínculo fantástico que beneficiará muito sua organização.

Valorize Sua Força de Trabalho Millennial e Dê a Eles a Chance de Crescer

Como dito anteriormente, os Millennials amam desafios e querem ser os melhores naquilo que fazem. Se eles sentem que não estão progredindo em sua linha de trabalho e não recebem desafios suficientes, logo perdem o interesse pela tarefa e ficam entediados. Quando o tédio chega, eles começam a procurar oportunidades em outros lugares e deixam sua empresa.

De acordo com KettiSalemme, gerente sênior de comunicação que trabalha no

TINYpulse, os Millennials rejeitam as regras convencionais pertinentes à cultura do trabalho e ao desenvolvimento de carreira. Eles buscam crescimento e desenvolvimento rápidos e não podem esperar para receber uma promoção.

Para manter sua força de trabalho millennial em sua organização, e para se beneficiar de suas habilidades e conhecimentos, você precisa dar a eles uma chance de crescer e se desenvolver. Assim, para fazer com que os Millennials se sintam desejados em sua empresa e tirar proveito de suas habilidades, o próximo passo que você deve executar é valorizá-los e proporcionar-lhes a oportunidade de crescer e se desenvolver. Você pode fazer o seguinte:

Dê-lhes projetos empolgantes e desafiadores

Dê à sua força de trabalho millennial alguns projetos super desafiadores e empolgantes para que seu interesse no trabalho e sua empresa permaneçam intactos. Forneça-lhes projetos e tarefas que promovam o rápido desenvolvimento e aprendizado experiencial. Isso ajudará você a manter seus Millennials atuais e a melhorar as habilidades de alguns novos funcionários talentosos.

Conheça os pontos fortes do seu Millennial e use-os de acordo

Um estudo realizado recentemente pela Gallup descobriu que os funcionários da Geração Y estão cientes de seus pontos fortes e querem que a organização em que trabalham valorize-os, bem como sua contribuição para a empresa.

Se a sua força de trabalho milenar não está feliz e insatisfeita com você, a razão pode ser porque você não tem conhecimento de seus conhecimentos e talentos e os colocou em departamentos onde eles não podem utilizar seu potencial da melhor forma possível. Isso significa que eles não terão um crescimento rápido porque, quando os Millennials fazem algo de que não gostam ou não são bons, eles não o fazem de todo o coração e nunca querem se destacar.

Para garantir o crescimento da sua empresa, é essencial que você estude os Millennials que estão trabalhando para você e identifique seus pontos fortes. Depois que você souber onde estão seus pontos fortes, coloque-os em departamentos e funções onde eles possam utilizar plenamente seus talentos e fazer o melhor uso de seu potencial único.

Por exemplo, se você colocou um Millennial com um diploma de contabilidade no departamento de contabilidade, pergunte a este funcionário se ele ou ela realmente gosta de contabilidade; se não, coloque esse funcionário em um departamento adequado. Da mesma forma, se uma funcionária da Geração Y gosta de trabalhar ao ar livre, mas atualmente está trabalhando como sua secretária pessoal, faça com que a funcionária faça algo empolgante.

Para descobrir o que a sua força de trabalho millennial faz melhor e acha agradável, você terá que se conectar com eles. Isso ajudará você a entendê-los melhor e usar corretamente suas qualidades, talentos e atributos únicos. Quando você deixa os millennials fazerem coisas de que eles gostam e são bons, naturalmente, eles se interessam muito pelo trabalho deles, o que os ajuda e a empresa a crescer.

Ofereça promoções rápidas

Outra estratégia poderosa que você pode usar para ajudar seus funcionários millennials a crescer, bem como manter seus interesses em sua empresa intactos, é promovê-los de forma rápida e acelerada. Em vez de promovê-los após 3, 5 ou 10 anos, promova-os a cada seis ou doze meses. Essa abordagem proporciona aos seus millennials uma recompensa após cada período menor, o que os mantém felizes.

Como você não pode promover um funcionário no mesmo nível gerencial a cada seis meses, crie muitos novos posições e adicione mais deveres e responsabilidades a cada posição. Por exemplo, divida de posição de simples de gerente de Marketing em quatro ou cinco posições e adicione uma nova responsabilidade e um aumento no pagamento em cada nível.

Alinhe seu Trabalho com seus Interesses e Valores

Outra estratégia eficaz que você pode usar para ajudar seus millennials a crescer, além de mantê-los envolvidos em sua empresa, é alinhar o que eles fazem com seus valores e princípios fundamentais. Descubra o que seu funcionário millennial mais valoriza individualmente, o que ele se esforça para alcançar e, em seguida, encontre uma maneira de incorporá-lo em seu trabalho. Isso torna seu trabalho mais empolgante e desafiador, e faz com que os millennials sintam que você realmente os valoriza.

Por exemplo, se um funcionário millennial gosta de se relacionar com pessoas e trabalhar no departamento de RH, você pode transformar esse funcionário no líder da equipe de uma pesquisa relacionada ao recurso humano. Dessa forma, você junta seus interesses com a sua função e os mantêm envolvidos em seu trabalho. Descubra com o que seus Millennials se importam e alinhe-os com o trabalho deles.

Preste atenção neste conselho. Se fizer isso, a sua força de trabalho e subordinados millennials gostarão do seu trabalho porque você lhes proporciona um crescimento rápido e encorajamento.

Aproveite Sua Afinidade com Tecnologia e Rede de Contatos

Depois que você construiu um bom relacionamento com seus Millennials, dê a eles oportunidades de crescimento e comece a usar seus pontos fortes, você deve seguir para a etapa final do processo: capitalizar com sua incrível afinidade com tecnologia avançada e rede de contatos.
Aqui está como você pode executar este passo.

Incorporar a Tecnologia que eles usam no seu Local de Trabalho

Organize uma reunião com seus funcionários millennials e pergunte sobre todos os diferentes dispositivos tecnológicos, software, aplicativos e avanços que eles usam em sua vida pessoal ou profissional; pergunte-lhes como você pode integrar estas tecnologias no ambiente de trabalho. Esta reunião será muito importante para a sua vida profissional e ajudará você a revolucionar sua empresa.

Por exemplo, se você não tem muita intimidade com Pinterest e outros fóruns de mídia social que podem ajudar você a anunciar e promover seu negócio, pergunte aos seus Millennials como usar melhor essas plataformas para melhorar o marketing. Isso vai ajudá-lo a tirar proveito de seu amor pela tecnologia e isso fará com que eles sintam que desempenham um grande papel na empresa e isso os fará trabalhar ainda mais.

Aproveite Seu Amor por Rede de Contatos

Junte-se a seus trabalhadores millennials e leve-os a diferentes reuniões e eventos profissionais. Ao fazer isso, você construirá sua credibilidade como líder e criará um vínculo mais forte com sua força de trabalho millennial, o que beneficiará muito sua empresa.

Conclusão

Obrigado novamente por baixar este livro!

Como este livro mostrou claramente, liderar os Millennials não é tão difícil quanto a maioria dos babyboomers acredita ser; de fato, liderar efetivamente a geração millennial exige nada mais que um pouco de tática, paciência e esforço.

Espero que este livro o ajude a entender o que você deve fazer para liderar com êxito a força de trabalho da Geração Y e aproveitar seu potencial.

Obrigado e boa sorte!

Parte 2

Introdução

"Entendendo o tempo!"

Gostaria de agradecer e parabenizá-lo(a) por adquirir esta obra.

Este livro contém passos e estratégias comprovados sobre como ter o controle de sua vida através do correto e eficaz gerenciamento do seu tempo.

O tempo é a única coisa no mundo que ninguém pode comprar, trocar ou emprestar. A forma como você o manipula em suas mãos pode determinar a qualidade de sua vida, então, se você deseja ter sucesso, deverá usar o seu tempo para aprimorar o conhecimento e habilidades necessárias para atingir os seus objetivos.

Infelizmente, é mais fácil falar do que fazer no que se diz respeito ao gerenciamento efetivo do tempo. Muitas pessoas acabam por não transformar os seus objetivos em realidade, pois desperdiçam muito do seu tempo em vez de focá-lo nas tarefas mais importantes. Hoje em dia isso é ainda mais difícil, com todos os desenvolvimentos em tecnologia que podem facilmente nos distrair e tornar nossas vidas mais convenientes.

A boa notícia é que você tem capacidade para tomar o controle de sua vida e usar o seu tempo sabiamente. Com o auxílio dos 25 princípios contidos neste livro você estará apto a superar os obstáculos que o impedem de alcançar seu potencial total. Ao utilizar essas habilidades como seu guia, você estará apto a vencer a procrastinação, motivar a si mesmo e aplicar as estratégias corretas de gerenciamento do tempo de maneira mais eficaz.

Mais uma vez, agradeço por baixar este livro e espero que o aproveite!

Habilidade 1 – Conheça os seus objetivos

Por que você deseja gerenciar o seu tempo eficazmente? Todos têm suas razões, mas é importante estabelecer objetivos, pois é isso que o guiará através de cada tarefa. Todos neste mundo têm as mesmas 24 horas a cada dia, porém o grande divisor entre os que só tentam e os que realmente alcançam o sucesso é que estes últimos possuem objetivos e entram em ação para alcançá-los.

Comece definindo o que você realmente deseja alcançar em sua vida... Ou, pelo menos, nos próximos 5 anos. Não tenha medo de sonhar alto. Anote e descreva com quantos detalhes quanto possível.

Por exemplo, se você deseja ter uma casa nos próximos 5 anos, determine a localização, número de quartos, materiais necessários etc. A partir daí você poderá determinar quanto dinheiro será necessário para obter a casa desejada.

Após definir o valor, você poderá criar um plano sobre como atingir a quantia necessária.

Como pode ver, uma vez que você tenha o seu objetivo definido, poderá formular um plano com um período que lhe permitirá alcançá-lo.

Habilidade 2 –Estabeleça prazos

O estabelecimento de prazos é o princípio fundamental do gerenciamento de tempo. Sem ele, os seus objetivos tornam-se simplesmente sonhos, pois fica muito mais fácil dizer *"vou começar amanhã"*.

Na vida, geralmente há dois tipos de prazos: os que são definidos para você e os que você define para si mesmo. O primeiro é mais fácil: seu patrão lhe diz para fechar um acordo em uma semana, então você precisa definir o que fará a cada dia, de segunda a sexta, para concluir. Caso não consiga, você diminuirá suas chances de obter um aumento ou uma promoção no emprego.

Estabelecer os seus próprios prazos é mais desafiador por duas razões. Primeiro, você precisa ser realista, do contrário, terminará desmotivado se não conseguir cumprir suas tarefas a tempo. Segundo, o seu progresso depende apenas de você. Em outras palavras, você deve se manter motivado para continuar.

Para definir um prazo realista para o seu objetivo, é necessário antes determinar o período ideal. Em que ano você gostaria de adquirir sua casa própria? Este pode ser o seu prazo ideal.

Você também pode pesquisar e verificar quanto tempo levou para outras pessoas alcançarem objetivos semelhantes aos seus. Então, determine as habilidades, conhecimento e ferramentas necessárias para alcançar cada objetivo. Se achar que precisará de mais tempo, ajuste adequadamente os prazos.

Habilidade 3 – Encare o seu tempo como dinheiro

Aqueles que sabem gerenciar o tempo efetivamente compreendem a ideia de que tempo é dinheiro! Em outras palavras, tempo desperdiçado possui valor zero, o que o coloca um passo atrás de atingir suas metas.

É crucial saber quanto você será pago por hora, pois é isso que determina sua qualidade de vida e a economia que você poderá reservar para sua aposentadoria. Determine quanto você ganha por hora e decida como incrementar esse valor.

Voltando à administração do tempo, pense na quantidade de tempo livre que você teve após o trabalho. Você será capaz de convertê-lo em dinheiro? Pode espremer o seu tempo em algum momento para obter educação que possa impulsionar sua carreira? Depois de ter as respostas, planeje de acordo.

Lógico, há muito mais na vida do que dinheiro, e é por isso que você deve sempre recordar quais são os seus objetivos. Se sua prioridade é criar laços com sua família, então o seu tempo livre será muito bem gasto com ela.

Contudo, ao associar cada hora do dia com quanto dinheiro possa fazer, você se torna mais motivado a realizar tarefas e trabalhar de modo a aumentar esse valor.

Habilidade 4 –Divida o dia em compromissos

Gerenciar o tempo torna-se difícil quando você vive no modo "vou para onde o vento me levar". Se você não deseja acordar um dia e imaginar o que aconteceu nos últimos quarenta e poucos anos de sua vida, então precisa preparar cada dia em termos de compromisso.

Você já viu ou usou um planejador diário executivo? Note que nele cada dia é dividido em horas. É essa a forma que as pessoas bem-sucedidas trabalham: tudo, desde ir ao emprego pela manhã até a realização de uma reunião de negócios, ou até mesmo passar algum tempo sozinho em uma banheira é visto como um compromisso. Então, ao respeitar o fato de que cada dia tem 24 horas (onde pelo menos 7 delas são dedicadas ao sono), eles valorizam o propósito de cada hora e asseguram que cada uma delas cumpra o seu propósito específico. Afinal, qualquer atraso pode provocar um efeito dominó nas horas ou dias seguintes.

Naturalmente, um sistema sustentável é aquele que não o deixa esgotado, e é por isso que você também deve agendar compromissos para si mesmo. Se você não tiver um planejador diário, adquira um e utilize-o sempre.

Habilidade 5 – Organize o seu espaço de trabalho

A sua eficiência ao realizar tarefas será prejudicada se o seu espaço de trabalho não estiver organizado. Imagine ter que perder tempo procurando em diversas pilhas de papéis para localizar um documento específico. Se fizer isso por uma média de 5 minutos por dia, terá desperdiçado duas horas em um mês!

Um ambiente limpo e organizado, pelo contrário, facilitará encontrar qualquer coisa que precise em segundos. Para tornar o seu espaço de trabalho mais eficiente, determine como deseja utilizá-lo. Então, remova todo o excedente e deixe apenas o que precisará utilizar. Por exemplo, se tudo o que você realmente precisa em sua mesa é um computador, então toda a bancada deve estar vazia, exceto por ele.

Se o se trabalho exige algum tipo de arquivo a cada dia, então crie um sistema de arquivamento que respeite o seu fluxo. Você pode, por exemplo, designar diferentes compartimentos para arquivos recebidos, arquivos importantes ou arquivos de saída. Simplesmente uma conveniência com simplicidade.

Habilidade 6–Estabeleça prioridades

Para realizaras tarefas mais importantes do dia, você deve primeiro distinguir entre o que é importante e o que é urgente. Isso o ajudará a criar uma lista de prioridades que poderá realizar passo a passo.

Uma técnica que o ajudará a estabelecer prioridades é pegar um pedaço de papel e dobrá-lo ao meio, depois novamente dobrar ao meio, de forma a criar quatro vincos. Rotule uma das colunas como Importante e Não Importante, e a outra coluna como Urgente e Não Urgente. Então, pense nas tarefas que precisa realizar ao longo do dia e selecione-as, distribuindo-as sob as colunas apropriadas.

Ao terminar, as tarefas marcadas como Importante e Urgente devem ser colocadas no topo de sua lista de prioridades, seguidas pelas Urgente e Não Importante, depois Importante e Não Urgente, e, por fim, Não Importante e Não Urgente.
Inclua tarefas de lazer que você faria, como assistir a um programa de televisão e jogar videogames com amigos, bem como tarefas como lavar a roupa. Dessa forma, você saberá quais tarefas eliminar e quais manter.

A partir dos resultados de suas listas, você poderá planejar todas as tarefas da semana.

Habilidade 7 –Aplique a regra 80/20

A regra 80/20 é um método centenário e

comumente aplicado para maximizar o tempo e a produtividade. Foi desenvolvido em 1906 por Vilfredo Pareto. Significa que a maior parte do resultado (80%) se deve a uma pequena quantidade de causas (20%).

Para aplicar essa regra ao gerenciamento do tempo, a primeira coisa afazer é olhar como é utilizado a maior parte do tempo. Então, compare o número de horas que você aplicou em seus resultados.

Depois, responda às seguintes perguntas: quanto do seu tempo desperto você dedicou a produzir resultados? Qual parte do dia foi mais produtiva? E a menos produtiva? O que o impediu de se manter constantemente produtivo?

A partir do momento em que você descobriu quando pode ser mais produtivo, você pode utilizar esse momento específico do dia para realizar as tarefas que o aproximem mais dos seus objetivos. Por exemplo, digamos que o seu objetivo é ser aprovado em uma prova. Se você sabe que é mais produtivo entre as 10 da manhã até o meio-dia, então você pode agendar o seu horário de estudo para esse período.

Habilidade 8 –Planeje intervalos

A pior coisa que pode acontecer com qualquer trabalhador é o esgotamento. Isso ocorre sempre que alguém se sobrecarrega e falha, seja por se tornar letárgico ou por executar um trabalho ruim. A maioria concorda que um ritmo uniforme para alcançar seus objetivos é muito mais sustentável, não apenas por motivação, mas também por sua saúde.

Para prevenir o esgotamento é necessário fazer intervalos entre as tarefas. Em um escritório os funcionários têm direito a 15 minutos de pausa a cada duas horas de trabalho, com uma hora de almoço no meio do total de oito horas. Permita-se um tempo para recarregar fazendo esse intervalo. Se você trabalha em casa, agende suas pausas utilizando um alarme ou cronômetro.

Realizar um intervalo ajudará a manter o foco e ser mais produtivo. Por exemplo, você pode se levantar e caminhar um pouco para evitar ter câimbras no traseiro posteriormente. Você também pode sentar ou deitar e meditar para limpar a mente e permitir que tome melhores decisões.

Espero que você esteja gostando deste livro até aqui, é importante que ponha em prática todas as habilidades que possa aplicar em sua rotina diária.

Desejo que este e-book esteja sendo proveitoso. Espero que você esteja anotando tudo o que aprende. Se você gosta do que leu até aqui, sinta-se livre em compartilhar a sua opinião e gentilmente deixar umaavaliação com alguns elogios.
Clique aqui para deixar uma avaliação na amazon.com.br

Habilidade 9 – Melhore o seu foco

Foco máximo não acontece do dia para a noite. É uma habilidade que deve ser praticada regularmente. Quanto mais concentrado você estiver, mais rápido poderá realizar suas tarefas e menos tempo desperdiçará.

Para aprimorar o seu foco você deve encontrar um local onde possa se concentrar em paz. Algumas pessoas gostam de se concentrar em seus estudos em uma cafeteria silenciosa, enquanto outros preferem utilizar um home office que bloqueie qualquer distração, tal como a televisão.

A seguir, você deve descobrir quanto tempo leva para se concentrar emuma atividade. Use um cronômetro quando iniciar sua tarefa. Assim que começar a ficar cansado e a se distrair com maior facilidade, pare o cronômetro e anote o seu limite. Procure prolongar esse limite continuamente.

Além disso, você deve se esforçar em controlar interações com os outros. Uma mensagem ou chamada de um grande amigo ainda é uma distração, então diga a eles que estará ocupado em determinados horário do dia. Ou então coloque o celular no modo avião.

Habilidade 10 –Bloqueie interrupções

Interrupções, independentemente de quão rápidas possam parecer, podem realmente atrasar todas as suas tarefas. Atualmente, com todos estando tão intimamente conectados, as pessoas se tornaram mais propícias a essas interrupções.

Dizem que a prevenção é melhor do que a cura, então o que pode ser melhor para evitar as interrupções do que bloqueá-las completamente? A primeira coisa a se fazer é certificar-se de que ninguém entrará em seu espaço de trabalho para distraí-lo. Crie uma parede física entre você e o resto do mundo quando precisar se concentrar. Tranque a porta, ponha fones de ouvido, toque uma música que propicie a concentração e coloque uma placa de "Não Perturbe!" na porta.

Uma das coisas mais difíceis para a maioria das pessoas é se afastar das redes sociais. Se você quiser, pode especificar um horário determinado para verificar e-mails e mensagens online (de preferência durante o seu intervalo), mas cure-se do medo de perda ao desligar o wi-fi ou pelo menos bloquear os sites que o distraiam.

Habilidade 11 - Utilize ferramentas de gerenciamento do tempo

Você não pode ir para a guerra sem armas; por isso precisa usar as ferramentas certas para se tornar produtivo. Você já aprendeu o valor de uma agenda executiva, mas existem ferramentas adicionais que você pode utilizar para gerenciar seu tempo sabiamente.

Uma dessas ferramentas é o bom e velho cronômetro. Todos os smartphones têm um, então utilize-o diariamente. Você pode utilizá-lo para medir quanto tempo leva concentrado em uma tarefa. Em média, as pessoas dedicam-se ao trabalho durante duas horas seguidas antes de uma pausa. Após descobrir o seu limite, você pode programar o alarme para quando precisa se concentrar. Quando o cronômetro estiver ativo, você pode fazer uma pausa que, a propósito, também deve ser cronometrada (o tempo médio de pausa para a maioria das pessoas é de 15 minutos).

Outra ferramenta simples é o alarme do seu relógio. Este funciona melhor para tarefas fixas que você realiza diariamente, como caminhar pela manhã ou ir dormir a cada noite. Novamente, os smartphones permitem que você acione múltiplos alarmes com etiquetas, então, escolha as suas atividades fixas. O ideal é que especifique um determinado toque para cada tarefa, pois ao escutá-lo você estará condicionado ao que deve ser feito.

Há muitos outros aplicativos gratuitos que você pode usar para o gerenciamento de tempo. Se você acha que precisa de mais disciplina (como acordar mais cedo para o trabalho), então pode pesquisar e descobrir qual melhor se adéqua às suas necessidades.

Habilidade 12 – Supere a procrastinação

A procrastinação é, sem dúvidas, a assassina de tempo da qual todos são culpados. Você nem imagina a quantidade de tempo, dinheiro, qualidade e saúde que você sacrifica ao deixar de lado atividades importantes. É importante recordar-se constantemente de que o tempo não espera por ninguém, e não há desculpas por atrasar tarefas que são importantes e urgentes em sua vida.

O perfeccionismo é um dos culpados que impede uma pessoa de concluir uma tarefa. As pessoas tendem a esperar pelo *momento perfeito* para fazer algo, sendo que não existe esse momento. Isso não significa, no entanto, que você deva sacrificar a qualidade em favor da pontualidade. Pelo contrário, significa que você deve começar, mesmo que não se sinta como o número um.

Outra culpada da procrastinação é o desejo de se distrair, especialmente após a conclusão de alguma tarefa. As pessoas acreditam que mereçam um intervalo, mas o que acaba por acontecer é que, após realizar apenas 20 minutos de trabalho, acabam jogando videogames durante duas horas. Aderir a um cronograma pode ajudar a acabar com isso.

A melhor forma de combater a procrastinação é simplesmente dar o primeiro passo. Ou seja, se você precisa escrever uma redação, faça apenas um rascunho primeiro. Isso inspira a continuar ao invés de nunca começar.

Habilidade 13 –Motive-se a si mesmo

Ser capaz de manter o cronograma que você definiu requer motivação. Existem dois tipos principais de motivação, e são melhor descritos como a cenoura e o bastão.

Sempre que você enfrentar uma tarefa que teme fazer, como um relatório que precisa terminar de escrever para entregar ao seu chefe dentro de cinco dias, pode motivar-se pensando nas recompensas que obterá após ter cumprido a tarefa. Por exemplo, se você terminar o relatório com antecedência, ainda terá tempo de refiná-lo e adicionar mais conteúdo. Ao ser capaz de enviar resultados de alta qualidade dentro do prazo, seu chefe reconhecerá seu valor e procurará promovê-lo ou lhe dar um aumento. Essa é a motivação da cenoura.

Por outro lado, algumas pessoas se sentem mais motivadas quando analisam as consequências de não realizar uma determinada tarefa a tempo. Digamos que você imagine não conseguir enviar o relatório no prazo. Você acabará se envergonhando completamente durante a apresentação e correndo o risco de ser demitido com registros ruins. Essa é a motivação do bastão.

Então, sempre que você tiver medo de realizar uma atividade e adiá-la para outro momento, considere tanto a cenoura quanto o bastão em ambas as situações.

Habilidade 14 –Divida projetos maiores em tarefas menores

Um projeto grande que precisa ser entregue em um determinado período pode parecer assustador, então divida-o em partes menores e mais acessíveis. Tudo o que você precisa é de um pedaço de papel e uma caneta.

Primeiro, identifique claramente a meta e os objetivos do seu projeto. Em seguida, faça uma lista com o passo a passo de todas as tarefas pelas quais você deve passar para atingir os seus objetivos. Você também deve anotar os recursos necessários para eles.

Assim que tiver a lista, defina um período ou prazo para cada tarefa, em seguida destaque o prazo para a conclusão do projeto completo.

Finalmente, divida as tarefas entre os dias que tiver disponíveis desde o momento em que puder começar. Dessa forma, quando você visualiza que a cada dia tem pequenas tarefas a serem executadas, terá a impressão de que o projeto em si é mais fácil de fazer do que acordar todas as manhãs e sentir o peso de um projeto inteiro em seus ombros.

Habilidade 15 –Melhore suas habilidades de tomada de decisões

Tomar decisões é um trabalho difícil para todos, especialmente pelo fato de que as pessoas têm medo de realizar uma escolha errada. Para gerenciar o tempo de forma eficaz, uma pessoa sempre tem a oportunidade de tomar decisões, como quando deve executar determinadas tarefas, como deve proceder e assim por diante. Quanto melhor você for ao tomar decisões, mais prático você será em lidar com o tempo em suas mãos.

Para tomar decisões acertadas, a primeira coisa que você deve fazer é avaliar o peso da decisão. Considere os prós e contras de cada uma e avalie-os para determinar qual opção tem mais vantagens do que desvantagens.

O tempo é irrefutavelmente um aspecto na tomada de decisões. Você tem que considerar a quantidade de tempo disponível e como pode aproveitá-lo ao máximo. Além disso, existem algumas decisões que não precisam ser tomadas imediatamente, então considere dar a essas opções mais tempo para ponderar.

Se tudo mais falhar, lance uma moeda. Não importa qual lado eventualmente caia. O que importa é que você vai perceber qual escolha quer, uma vez que o veredicto da moeda tenha sido feito

Habilidade 16 – Controle pensamentos de distração

As distrações podem vir de todo lugar, inclusive de nossa própria mente. Na verdade, esta pode ser uma das piores distrações, pois diferentemente do seu colega de trabalho irritante, você não pode pedir desculpas a si mesmo e se afastar tão facilmente.

Para controlar pensamentos de distração a primeira coisa a ser feita é estacioná-los. Digamos que você esteja trabalhando em um projeto e de repente tem uma ótima ideia para um livro que está escrevendo. Ao invés de entreter sua mente com as ideias que chegam, simplesmente anote-as em um pedaço de papel, e esqueça-as. Quando terminar o trabalho poderá retornar a elas.

Se você tem lutado contra pensamentos emocionalmente perturbadores, reserve um encontro consigo mesmo (ou com um terapeuta) para curar-se. Reconheça o pensamento, então descarte-o dizendo a si mesmo que este não é o momento para isso. Inspire profundamente, depois expire isso para fora de si.

Habilidade 17 –Autoavaliação uma vez por semana

É importante realizar uma autoavaliação de vez em quando. Isso o ajudará a fazer melhorias, ajustes e até mesmo uma reavaliação de suas metas.

Separe entre 30 minutos a 1 hora no final de semana para avaliar as estratégias de controle de tempo que você aplicou durante a semana. Anote os erros e acertos, então considere outras estratégias que possam ser melhores do que as que tentou.

Outra coisa a ser avaliada são os números de distrações que você encontrou e como lidou com elas. Se houver distrações pertinentes que você tenha dificuldades em evitar, poderá agora identificá-las com maior eficiência.

Também seria sensato manter um registro de suas autoavaliações para que você possa usá-las como referência para futuras estratégias de gerenciamento de tempo.

Habilidade 18 –Reserve um período para ficar offline

Embora a internet possa conter uma infinidade de ferramentas que economizam tempo (tais como compras on-line e e-mail, para citar algumas), ela também pode ser um grande desperdício de tempo.

Imagine a sua vida a piscar diante dos seus olhos enquanto você desperdiça três horas ou mais navegando nos perfis do Facebook dos seus amigos, sem motivo aparente. É por isso que é importante ficar offline uma vez por dia durante várias horas para realizar tarefas que não exijam sua presença online.

Durante esse período você não deve realizar nenhuma ligação, verificar nenhum e-mail e nem conversar com ninguém online. Se precisar entrar online para verificar alguma informação enquanto estiver no seu período offline, então baixe um dicionário digital, thesaurus e enciclopédia. Assim você não poderá se dar nenhuma desculpa.

Habilidade 19 – Delegue responsabilidades

Quando você estiver sobrecarregado e perceber o fato de que você absolutamente não poderá fazer tudo sozinho, então deverá transferir a responsabilidade para outras pessoas qualificadas. Isso liberará seu tempo e permitirá que você se concentre em suas tarefas mais importantes e urgentes.

Ao delegar as responsabilidades a outra pessoa, afirme que ela possui as qualificações necessárias para a tarefa, possivelmente melhor do que você. Em seguida, indique claramente os objetivos e os resultados pretendidos para que ele ou ela saiba o que você espera do trabalho.

Se necessário, dê à pessoa uma explicação de como você faria isso, mas esteja aberto para sugestões, pois ela pode ter soluções ainda mais eficientes para oferecer.

Habilidade 20 – Comece pela tarefa mais difícil

Uma técnica que muitas pessoas bem-sucedidas realizaram por séculos é sempre começar pela tarefa mais difícil. Assim que você a concretizar, tudo o que fizer depois será suave como uma brisa.

A melhor maneira de lidar com uma tarefa difícil é simplesmente encará-la de frente e se concentrar apenas nessa atividade. A melhor parte depois de terminar essa tarefa é que você se sentirá mais produtivo no final do dia, mesmo que seja a única tarefa que consumiu a maior parte do seu tempo naquele dia.

A maioria concorda que você deve lidar com a tarefa difícil no início do dia, porque é o momento em que ainda se tem muita energia e otimismo para poupar. Também ajuda a investir um pouco em si mesmo quando você sabe que essa tarefa é extremamente importante, por exemplo, vestindo seu melhor terno ou bebendo sua xícara de café gourmet favorita e tão cara antes de começar.

Habilidade 21 –Aplique a abordagem minimalista

Minimalismo é quando você elimina de sua vida as coisas que não supérfluas, de modo que possa focar apenas no que realmente é importante para você. Isso tornará a sua vida muito mais fácil e poupará muito tempo.

Por exemplo, se você gasta muito tempo pela manhã imaginando o que irá vestir, poderá manter um *guarda-roupas em cápsulas*. Isso é quando você tem uma quantidade limitada de roupas que podem ser facilmente misturadas e combinadas a cada dia.

O minimalismo no trabalho também permite que você seja ainda mais produtivo. Por exemplo, você deve evitar assumir muitas tarefas de uma só vez porque está abandonando a qualidade. Se um projeto for grande demais para você realizar sozinho, considere delegá-lo para que todos possam se concentrar em uma parte essencial e produzir um grande trabalho juntos.

Habilidade 22 –Automatize suas tarefas diárias

Certas coisas da vida não podem ser evitadas, como limpar a casa, lavar a roupa e preparar refeições (saudáveis) em casa. Se você acha que essas tarefas consomem muito tempo, convém delegá-las a outras pessoas, ou descobrir como torná-la mais fáceis e rápidas de fazer.

Por exemplo, você pode preparar várias refeições saudáveis em um dia livre, dividi-las em recipientes individuais, e congelá-las para serem reaquecidas para um almoço rápido e fácil no resto da semana.
Uma faxineira pode ser contratada para ajudar a manter sua humilde morada. Dependendo do seu orçamento, você pode fazer com que ela venha uma vez por semana ou até mesmo duas vezes por mês para organizar sua casa e torná-la interessante. Apenas certifique-se de obter referências de alguém da sua confiança.

A lavanderia também pode ser delegada a alguém. Se você não se sente confortável com a ideia de alguém lavando suas roupas, então invista emuma máquina de lavar e secadora de qualidade, e deixe que elas façam todo o serviço.

Habilidade 23 –Treine para ser um madrugador

Iniciar o dia precocemente para realizar tarefas é sempre melhor do que ficar acordado até tarde para recuperar o tempo perdido. Pessoas bem-sucedidas geralmente são as que preferem pular da cama e começar o dia o mais cedo possível

Há muitos benefícios em acordar cedo e maximizar sua manhã. Primeiro, há menos distrações entre as 5 e 7 horas da manhã pois a maioria das pessoas ainda está dormindo ou se preparando para o dia.

Outro benefício é que é simplesmente mais saudável acordar cedo do que dormir tarde para fazer o trabalho. O corpo humano é projetado para dormir entre as 10 da noite e as 3 da manhã, porque é durante essas horas que ele tem que fazer reparos e se recuperar do estresse que experimentou durante as horas de vigília. Negar o seu corpo dessa oportunidade resultará em consequências de longo prazo para sua saúde.

Embora leve tempo para se ajustar de ser uma coruja noturna e tornar-se um madrugador, esforce-se para ser o último a cada dia. Você acabará por se acostumar e apreciar pegar o dia no início.

Habilidade 24 –Sempre planeje o seu próximo dia

Antes de dormir, faça questão de anotar uma lista das tarefas que precisará fazer no dia seguinte. Considere todas as suas obrigações, desde as relacionadas ao trabalho até as pessoais. Isso evitará que perca tempo no dia seguinte e lembrará de que precisa sair cedo da cama.

Há certos fatores que você precisa ter em mente enquanto planeja o dia seguinte. A primeira é que não deve haver conflitos na sua agenda. Se houver, você precisaráconsiderar qual deles é mais importante e, em seguida, reprogramar o outro para outro momento.

A segunda seria as tarefas que você não pôde cumprir naquele mesmo dia. Isso fará com que você revise suas atividades do dia e, em seguida, adicione qualquer uma das tarefas importantes à lista de pendentes para o próximo dia.

Mantenha essa lista em algum lugar que possa ser instantaneamente visto. Algumas pessoas gostam de anotá-las em um papel e colá-la em seu local de trabalho. Outros criam uma lista no seu celular e salvam na sua tela.

Habilidade 25 – Invista na sua saúde

Tudo em sua lista de coisas a fazer desmoronaria se a sua saúde fosse prejudicada. Os prazos finais seriam perdidos, a qualidade do seu trabalho prejudicada e sua produtividade geral diminuiria. É por isso que você precisa cuidar bem de sua saúde para gerenciar o tempo de forma eficaz.

Para evitar falhas, nunca fique tentado a fazer muito trabalho dentro de um prazo limitado. Isso aumentará seus níveis de estresse e prejudicará o seu sistema imunológico. Você estará mais suscetível a ficar doente. Garanta também que você tenha horas de sono suficientes todos os dias, pois o sono em si é um investimento em sua capacidade de trabalhar bem no dia seguinte.

Outro compromisso importante que você precisa manter pelo menos três vezes por semana é o exercício físico. Mesmo que seja apenas 20 ou 30 minutos de treinamento cardiovascular, peso e flexibilidade aumentarão seus níveis de energia e melhorarão sua resistência.

Por fim, você deve alimentar o seu corpo com refeições saudáveis. Não basta comer um almoço fastfood porque está muito ocupado no escritório. Desfrute de uma salada e alguma proteína magra grelhada. Tome suas multivitaminas se você não está recebendo o suficiente de comida de verdade. Todo o esforço extra para sua saúde lhe dará anos de tempo no futuro.

Conclusão

Obrigado novamente por baixar este e-book.

Espero que ele tenha conseguido ajudar a controlar o seu tempo mais eficazmente com o auxílio dessas 25 habilidades.

O próximo passo é continuar inspirado e aprimorar as habilidades necessárias para ser produtivo e eficiente no decorrer do tempo.

Imagine ser capaz de viver a sua vida ao máximo, realizar todos os objetivos que estabeleceu para si mesmo e sentir satisfação e segurança ao saber que você foi capaz de aproveitar ao máximo o seu tempo. Lembre-se sempre de que o tempo é algo que você nunca poderá comprar de volta, e aproveite ao máximo o que você tem.

www.ingramcontent.com/pod-product-compliance
Lightning Source LLC
LaVergne TN
LVHW020429080526
838202LV00055B/5092